de la A a la Z

Puerto Rico

Georgina Lázaro
Ilustrado por Mrinali Álvarez

A los niños de mi isla.

de la A a la Z

Puerto Rico

Georgina Lázaro
Ilustrado por Mrinali Álvarez

everest

A DE AREITO

El areito es un baile
en el que se canta un cuento.
El compás se va marcando
con antiguos instrumentos.

Los taínos lo bailaban
mientras contaban la historia
de su pasado y su gente,
de sus luchas y victorias.

El areito es un canto y un baile en el que los taínos, los pobladores de nuestra isla cuando llegaron los españoles, contaban su historia y celebraban sus triunfos moviéndose al compás de los tambores, los güiros y las maracas.

B DE BANDERA

Me gusta mirar el cielo
y contemplar las estrellas.
Mi abuelo dice sus nombres.
Yo solo sé que son bellas.

De todas la más bonita
en mi bandera destella,
allí en el triángulo azul
como el cielo de mi tierra.

La bandera de Puerto Rico es de forma rectangular. Tiene cinco franjas horizontales, tres rojas y dos blancas, y un triángulo azul con una estrella blanca de cinco puntas. Se diseñó a finales del siglo XIX. Es igual a la bandera de Cuba, pero con los colores invertidos, simbolizando la hermandad entre las dos islas.

C DE COQUÍ

Una noche muy hermosa
oíste cantar a un coquí
y quisiste conocerlo;
al de la voz de flautín.

Alumbrada desde el cielo
por la luna de marfil,
siguiendo su vocecita
lo encontraste en el jardín.

Desde entonces es su canto
dulce como el de un violín.
Coquí, coquí, coquí, canta.
Canta solo para ti.

El coquí es una especie de rana muy pequeña (como de una pulgada), de color crema, que en las noches produce un sonido característico, como si cantara diciendo su nombre. Es la mascota de nuestra isla y su canto es muy apreciado por todos.

D DE DULCES

Don Pedro, el que toca el cuatro
y canta viejos boleros,
vende en un puesto en la plaza
los dulces que yo prefiero.

Me gusta mucho el de coco
y el de piña con batata,
los pilones, los malrayos,
el gofio y el tirijala.

El coquito, la melcocha,
el dulce de ajonjolí,
el budín, el bienmesabe,
el millo y el pirulí.

Hace ya algunos años en Puerto Rico se sembraba caña y se producía azúcar. La abundancia de ese producto estimuló la producción de una variedad de sabrosos dulces típicos, algunos de ellos de origen español, otros de origen africano.

E DE ESCAMBRÓN

Los domingos muy temprano
voy a darme un chapuzón
a una playa azul y tibia,
la playa del Escambrón.

Allí paso todo el día;
agua, arena, brisa y sol.
¡Cómo quisiera quedarme
viviendo en un caracol!

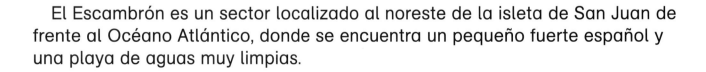

El Escambrón es un sector localizado al noreste de la isleta de San Juan de frente al Océano Atlántico, donde se encuentra un pequeño fuerte español y una playa de aguas muy limpias.

F DE FLAMBOYÁN

Un flamboyán muy bonito
quise darle a mi mamá.
Recogí una semillita
y eché mi sueño a volar.

La semilla, flor dormida,
por un tiempo descansó
hasta una mañana hermosa
que en planta se convirtió.

Con cariño la cuidé.
Era verde mi ilusión,
y después de algunos años
se hizo árbol y canción.

El flamboyán es un árbol que abunda en Puerto Rico. Lo vemos a lo largo de las carreteras y en los campos, parques, plazas y jardines. Nos regala sus ramilletes de flores, casi siempre rojas, durante el verano.

G DE GÜIRO

Con su cuerpo hueco y largo,
cómo le gusta sonar.
Yo lo raspo con el peine.
Chiqui qui chiqui qui cha.

Lleva el ritmo. Suena, suena.
Todos salen a bailar.
Chiqui qui chiqui qui chiqui
chiqui qui chiqui qui cha.

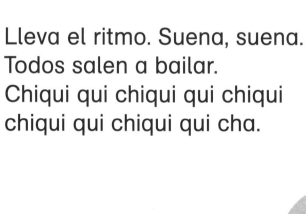

El güiro es un instrumento de percusión hecho usualmente con un calabazo hueco y seco, al que se le han hecho ranuras paralelas en la superficie. Se raspa con un peine o tenedor, siguiendo el ritmo de la melodía. Los taínos lo usaban en sus areitos y todavía hoy lo usamos para acompañar nuestra música.

H DE HAMACA

Cuando me acuesto en la hamaca
sueño que soy un taíno,
fatigado de cazar,
descansando en su bohío.

En un rincón veo vasijas.
Junto a ellas un cemí
que traerá buenas cosechas,
de yuca, piña y maíz.

Entonces cuando despierto
me alegro de estar aquí,
de ser un poco taíno;
boricua como el coquí.

La hamaca es una red alargada hecha de fibra de algodón, henequén o cabuya que se cuelga de dos puntos firmes y se usa para descansar o dormir. Los primeros habitantes de Puerto Rico la usaban en sus bohíos y bateyes. Todavía hoy su uso es muy popular. Podemos verla en las playas amarrada de dos palmas, en los patios y parques atada a dos árboles y en muchos balcones y terrazas.

I DE ISLA

Vivo en una islita verde
rodeada de un mar azul.
Acaricia sus arenas
espuma de blanco tul.

Las palmeras la abanican,
la perfuma el alhelí
y el coquí le canta nanas
para que pueda dormir.

Un rubio sol la ilumina.
La cobija un verde manto.
Es Puerto Rico, mi patria.
Es la Isla del Encanto.

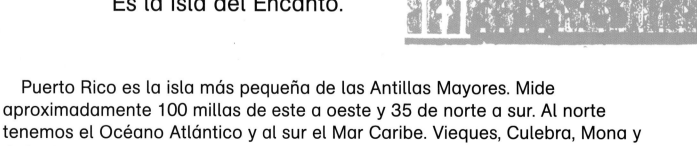

   Puerto Rico es la isla más pequeña de las Antillas Mayores. Mide
aproximadamente 100 millas de este a oeste y 35 de norte a sur. Al norte
tenemos el Océano Atlántico y al sur el Mar Caribe. Vieques, Culebra, Mona y
Caja de Muerto son algunas de las islas que forman parte de nuestro archipiélago.

J DE JÍBARO

Yo vivo allá, en las montañas,
donde cultivo el café
y sé mucho de las siembras,
pero de letras no sé.

Aprendí a leer la tierra
y a contar con las semillas
y a estar feliz y conforme
con las cosas más sencillas.

Me gusta el agua del río,
cuando entre las piedras suena
y observar mi campo verde
entre faena y faena.

Llamamos jíbaro al campesino de ascendencia española que vive en las regiones montañosas de Puerto Rico. A Rafael Hernández, uno de nuestros más famosos compositores, se le conoce como El jibarito.

K DE KIOSKOS DE LUQUILLO

Justo antes de llegar
al balneario de Luquillo
nos paramos a comer
un sabroso bocadillo
en el kiosco veinticuatro
que es el que atiende don Guillo.
Yo pido un bacalaito,
y una alcapurria de chillo.
Papá un pionono y mamá
un sabroso pastelillo.
Mi abuelo Juan pide un pincho
y al final pide un pocillo.
Hay un sabor especial
en los kioscos de Luquillo.

Cerca del famoso balneario de Luquillo, a lo largo de la carretera, existen pequeños y rústicos puestos de comida construidos de madera y hojas de palma donde se sirven sabrosos bocadillos típicos tales como alcapurrias, bacalaitos, piononos, pinchos, arroz con jueyes, mofongo y tostones rellenos.

L DE LOÍZA

Hoy iremos muy temprano
con una enorme sonrisa
a las fiestas de Santiago
en el pueblo de Loíza.

Máscaras hechas de higüera,
capas de muchos colores,
lentejuelas, cascabeles,
cintas, espejos y flores.

Vestidos de vejigantes,
iremos en procesión
cantando y hasta bailando…
¡Me encanta esa tradición!

Loíza es un pueblo costero ubicado al noreste de la isla donde se celebra durante nueve días la fiesta de Santiago. Durante esos días se ven por las calles personas vestidas de vejigante usando las máscaras típicas y bailando al ritmo de la bomba y la plena. Esta tradición tiene su origen en las creencias indígenas y cristianas que se mezclaron con las costumbres y ritmos de nuestros esclavos africanos.

M DE MANGLAR

Desde las costas del sur
donde las aguas son llanas,
se ve flotar el manglar
como una obra artesana.
Y con un gesto muy lento
que parece de desgana
se va tejiendo la vida
frágil como porcelana.
En sus ramas se refugian
aves de tierras lejanas.
El agua pasa, respira,
se aquieta, se limpia, sana.
De sus raíces flotantes,
fecunda, la vida mana.

Llamamos manglar al terreno que, en las zona costeras tropicales, está poblado de mangles, que son árboles pequeños que pueden vivir en terrenos cubiertos de agua salada. Son muy importantes porque protegen nuestras costas, purifican el agua y dan alimento y refugio a muchos de nuestros peces y aves.

N DE NÍSPERO

Cada día me asomo,
por sus ramas rebusco.
¿Me dará hoy también
un níspero?, pregunto.

Me encanta su sabor,
su textura tan suave.
Lo saboreo despacio.
No quiero que se acabe.

Mañana iré otra vez
a buscar uno más.
Y entonces, sí, esta vez
se lo daré a mamá.

El níspero es un árbol de copa densa y redondeada y hojas de color verde oscuro. Es muy hermoso, da buena sombra, pero lo mejor de él es su fruto dulce, suave y sabroso que también se llama níspero.

Ñ EN ÑAME

Lleva ñame, apio, maíz,
plátano verde y maduro,
yautía blanca y amarilla,
esperanzas y conjuros.

Carne de res y de pollo,
papa, tomate, cebolla,
pimiento, ají, culantrillo
y una salsita criolla.

Por último, calabaza.
Ya me estoy poniendo ansioso.
Estoy loco por probar
un sancocho bien sabroso.

El ñame es el tubérculo producido por una planta de hojas grandes y acorazonadas muy cultivada por el campesino puertorriqueño. Se come hervido o asado y mezclado con otras viandas en platos como la serenata de bacalao o el sancocho.

O DE OROCOVIS

En el centro de mi isla,
como en sus mismas entrañas,
está el pueblo de Orocovis
rodeado de montañas.

Corazón de Puerto Rico,
poblado de Orocovix,
un valeroso cacique
que reinó en nuestro país.

Orocovis es el nombre de un pueblo del centro de Puerto Rico.
Por eso se le conoce también como "El Pueblo Corazón". Su
nombre proviene de Orocovix, un jefe taíno de esa región.

P DE PIRAGÜERO

Por fin viene el piragüero
con su sombrero de yagua.
Para refrescarme un poco
me hace falta una piragua.

Tiene de muchos sabores:
coco, piña, uva, frambuesa,
melao, parcha, tamarindo,
crema, limón y cereza.

Anita quiere de coco,
Francisco de ajonjolí,
y yo la quiero de crema
con un poquito de anís.

La piragua es una especie de refresco granizado muy popular en Puerto Rico. Los piragüeros las venden en sus coloridos carretones. Raspan el hielo, lo colocan en un vaso de papel en forma de cono y le echan diferentes siropes de frutas. Es muy común encontrar a los piragüeros por las calles, parques, plazas y playas de Puerto Rico.

Q DE QUEREQUEQUÉ

Nos visita en el verano.
Se llama Querequequé.
Le gustan los días nublados,
pero yo no sé porqué.

Es un ave muy bonita.
La he visto al anochecer.
Me adormece cuando canta
su que-re-que-re-que-qué.

El querequequé es un ave migratoria que visita nuestra isla durante el verano. Se caracteriza por una franja ancha y blanca que cruza sus ala y por su canto particular.

R DE REYES MAGOS

Esperar a los tres Reyes
es mi mayor ilusión.
La carta, buscar la hierba…
¡Cómo canta el corazón!

Al llegar el día de Reyes,
esa mañana temprano,
yo me siento muy feliz
al descubrir los regalos.

Pero muy pronto comienzo
a querer que pase el año
porque nada es comparable
con la dicha de esperarlos.

La fiesta de los Reyes Magos es una de las más populares en Puerto Rico. Es esperada con ilusión y celebrada con entusiasmo por los niños y los adultos.

S DE SAN JUAN

Al caminar por San Juan
el paseo es una fiesta.
Los adoquines plateados
vuelven a contar la gesta,
y un caballo de leyenda
baja corriendo la cuesta.

Los balcones florecidos,
las fuentes, los campanarios,
las plazas y las iglesias,
los zaguanes solitarios
dejan en mi corazón
un perfume centenario.

San Juan es la capital de Puerto Rico. Ubicado en la isleta de San Juan se encuentra el sector más antiguo, el Viejo San Juan, que por ser una ciudad colonial donde pueden apreciarse interesantes lugares históricos, es muy estimado por los puertorriqueños y visitado por turistas de todo el mundo.

T DE TAÍNO

Hace tiempo, mucho tiempo,
cuentan que el indio taíno
correteaba por los campos,
se bañaba en los ríos,
y vivía en una casita
que se llamaba bohío.

Le gustaba irse a cazar
a nuestro indio bravío,
jugar pelota, bailar
y cuidar sus sembradíos.
Era libre, era feliz;
reinaba en su poderío.

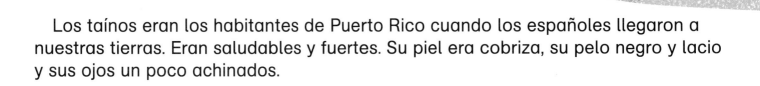

Los taínos eran los habitantes de Puerto Rico cuando los españoles llegaron a nuestras tierras. Eran saludables y fuertes. Su piel era cobriza, su pelo negro y lacio y sus ojos un poco achinados.

U DE UTUADO

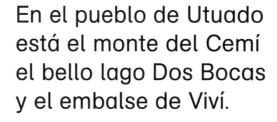

En el pueblo de Utuado
está el monte del Cemí
el bello lago Dos Bocas
y el embalse de Viví.

Bajo el monte de los dioses
el Parque Ceremonial
con sus piedras gigantescas
en la plaza principal.

Allí los indios taínos
imprimieron un legado;
importantes petroglifos
nos dejaron de regalo.

El pueblo de Utuado está localizado entre las montañas del centro de la isla. En él se encuentra uno de los monumentos antiguos más importantes de Puerto Rico, el Parque Ceremonial Indígena de Caguana, que fue construido por los taínos hace más de 700 años.

V DE VIEQUES

Vieques, isla pequeñita
mecida en el ancho mar.
Isla hermosa, Isla Nena,
cómo baila tu palmar.

Amo tu azul y tu verde,
tu tibio aliento de sal,
tus noches tan estrelladas,
y tu aurora de coral.

Tu faro antiguo, tu fuerte
del Conde de Mirasol,
tu bahía fosforescente,
tu arena, tu agua, tu sol.

Vieques es una isla que pertenece al archipiélago de Puerto Rico. Los taínos la llamaron «Bieques» que significa isla pequeña. También se conoce como La Isla Nena.

W DE WINDSURFISTA

Empujado por el viento
que sopla haciendo cabriolas
va dirigiendo la vela,
se desliza por las olas.

El sol calienta su cuerpo,
a lo lejos va una yola,
y lo esperan en la orilla
la arena y las caracolas.

Las costas de Puerto Rico con
frecuencia se ven adornadas de coloridas velas.
Son los windsurfistas que, aprovechando nuestros
vientos fuertes y consistentes, se deslizan en sus tablas por el mar.

X DE XILOGRAFÍA

Van volando seis gaviotas
todas juntas sobre el mar.
Sus miradas hacia abajo,
van buscando qué pescar.

Es una obra de arte
que no dejo de admirar.
Es una Xilografía
hecha por Lorenzo Homar.

La xilografía es el arte de imprimir con planchas de madera grabada. En Puerto Rico se ha utilizado mucho esta técnica. Lorenzo Homar, uno de nuestros grandes artistas, empleó este procedimiento en algunas de sus obras.

Y DE YUNQUE

Me gusta subir al Yunque
tempranito en la mañana
y escuchar miles de aves
despertando la montaña.
Me gustan sus luces verdes,
sus veredas y sus flores
sus cascadas y sus charcas,
su silencio, sus olores.
Me gusta tocar las nubes
que bajan hasta sus suelos
me gusta estar en El Yunque.
Allí estoy cerca del cielo.

El Yunque se encuentra en la Sierra de Luquillo. En 1976 fue proclamado primera Reserva de la Biosfera Internacional por la UNESCO. Es un bosque tropical lluvioso en donde vive una enorme variedad de plantas y animales. Por ser un lugar interesante, hermoso, fresco y tranquilo es visitado por cientos de personas.

Z DE ZUMBADORCITO

Es un ave pequeñita
con una fuerza gigante
que mueve sus alas chicas
con rapidez delirante.

Pasea por los jardines
su color verde brillante
en un vuelo de princesa
suave, fino y elegante.

Con su pico puntiagudo
chupa el néctar tan fragante
de las flores más hermosas.
Y entonces, vuela triunfante.

El Zumbadorcito es un ave muy pequeña de color verde iridiscente y pico largo y puntiagudo con el que liba el néctar de las flores mientras bate sus alas casi 50 veces por segundo. Se le conoce también como Zunzún de Puerto Rico, Colibrí y Picaflor.